¿Listo? ¡Vamos a comenzar!

© Derechos de autor de Pamparam Libros para niños. Imágenes de Feepik.com o licenciadas para uso comercial. Todos los derechos reservados.

Trineo

VEO VEO

ALGO QUE COMIENZA CON...

C

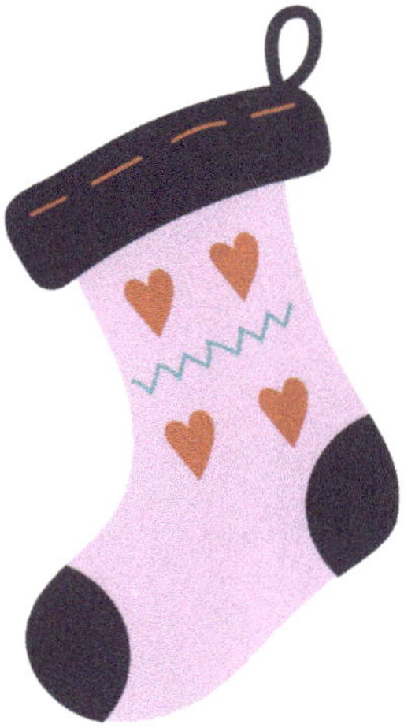

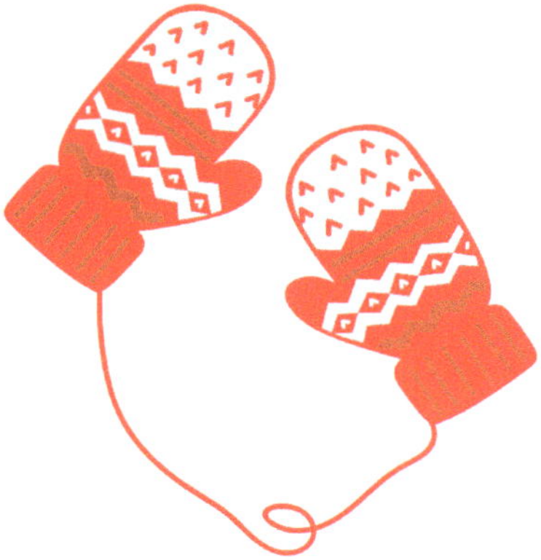

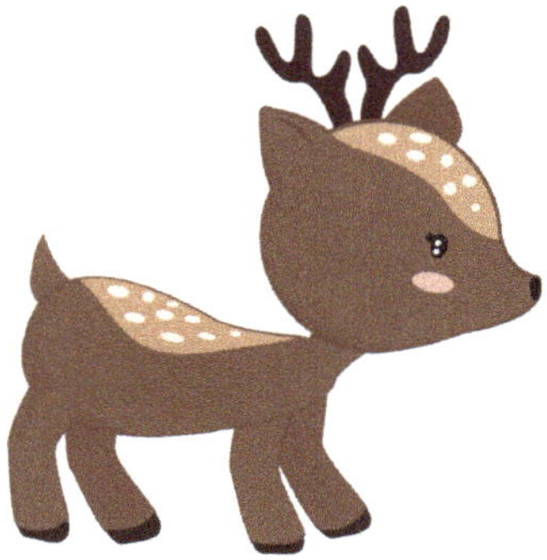

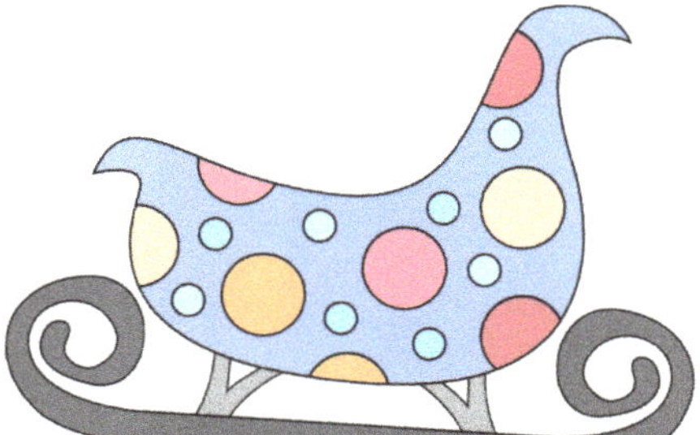

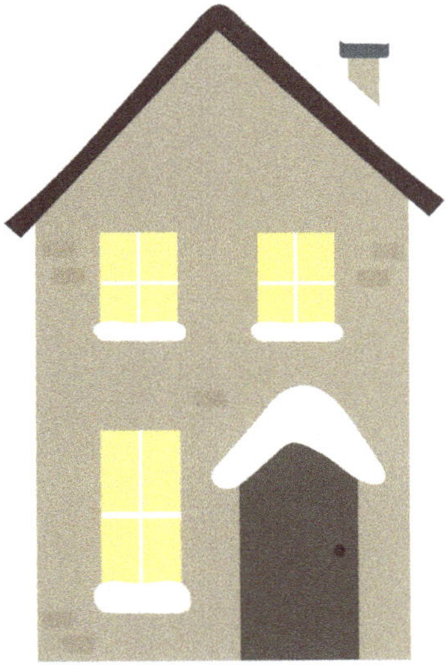

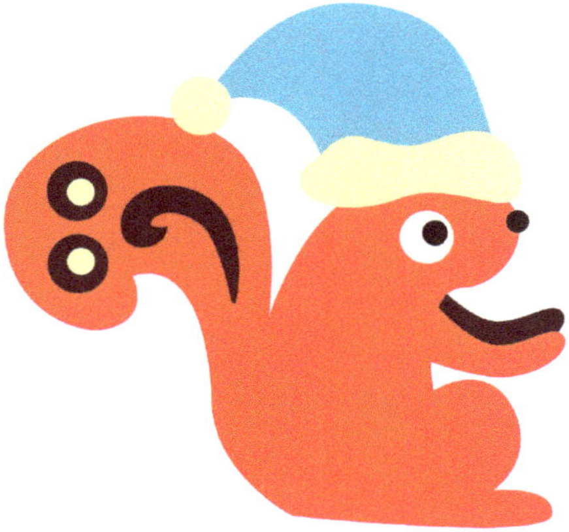

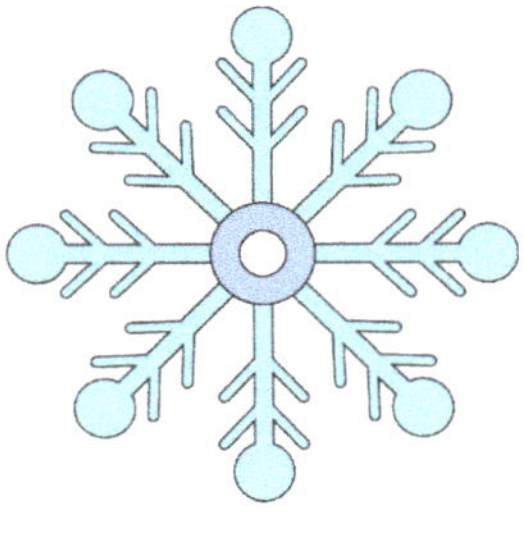

Casa

VEO VEO

ALGO QUE COMIENZA CON...

O

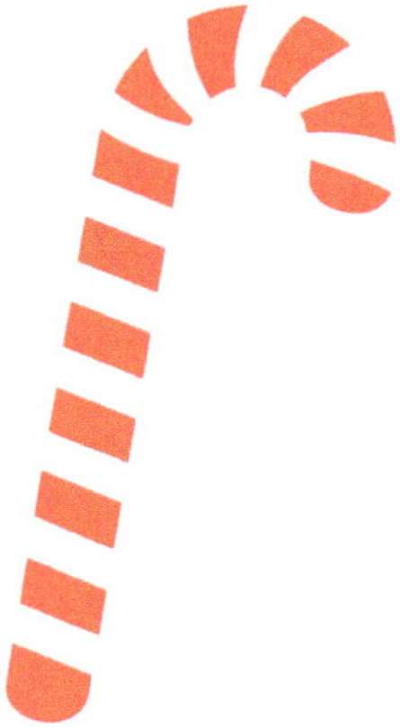

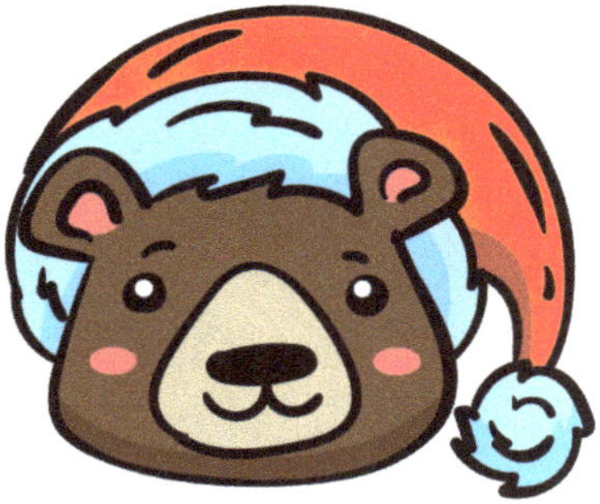

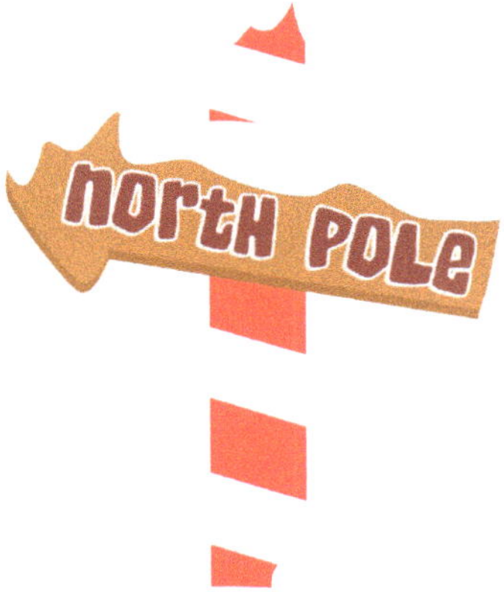

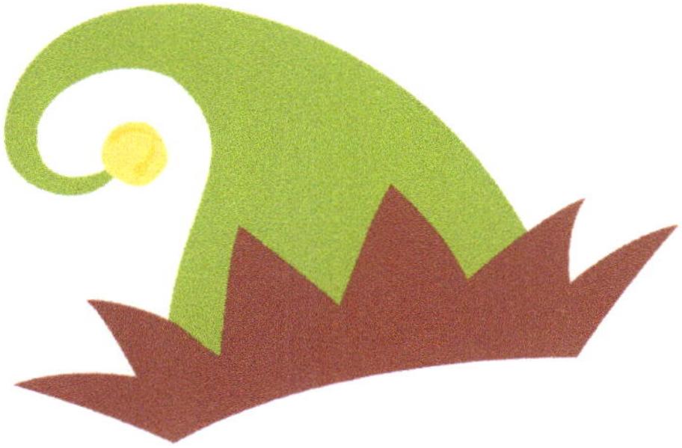

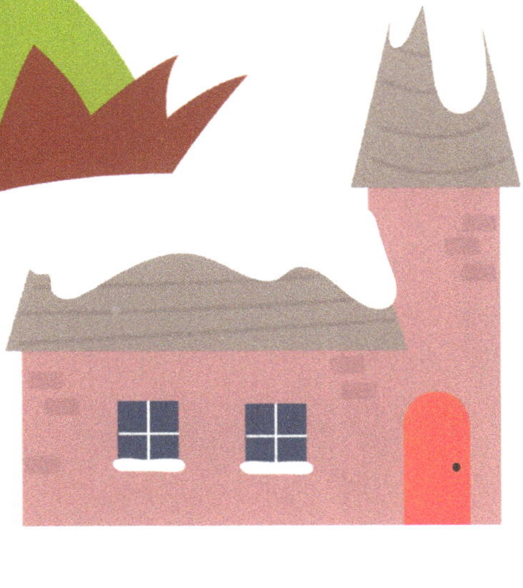

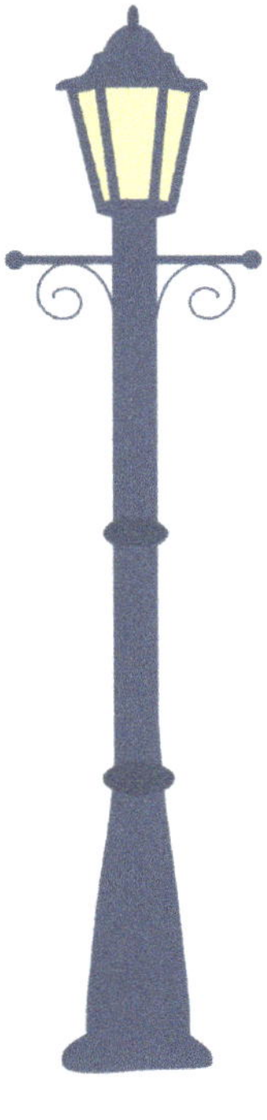

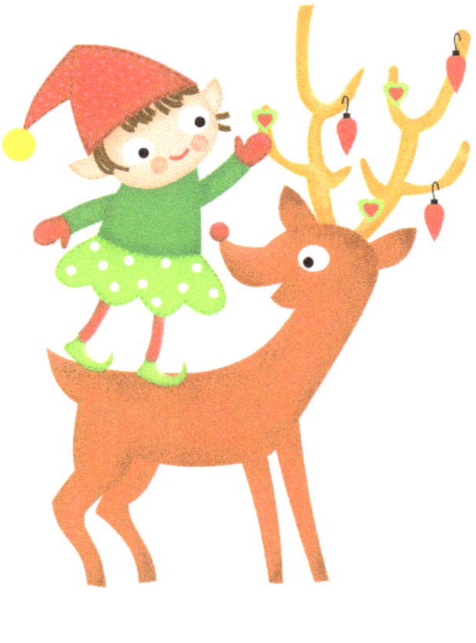

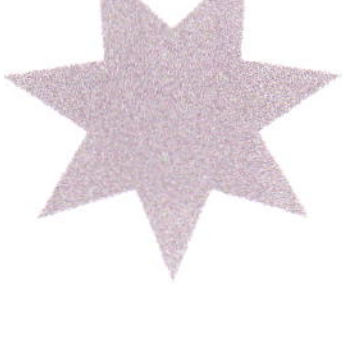

VEO VEO

ALGO QUE COMIENZA CON...

C

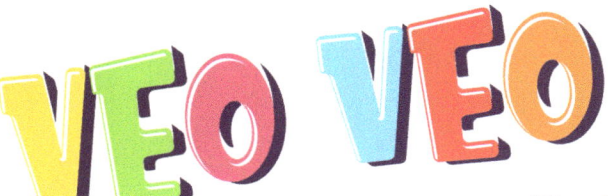

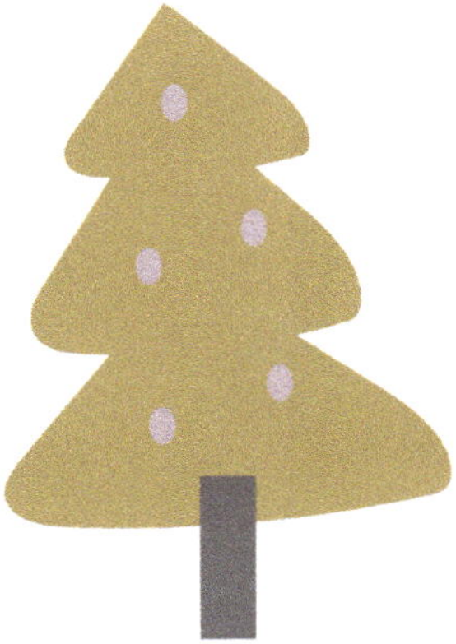

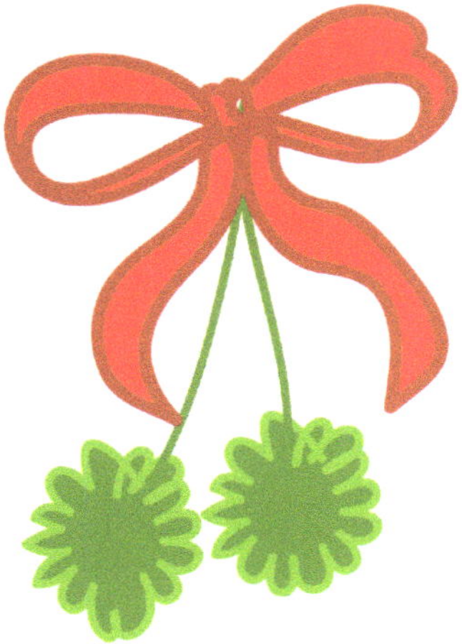

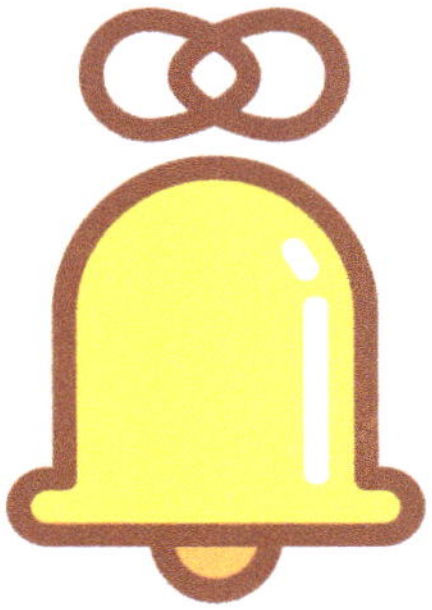

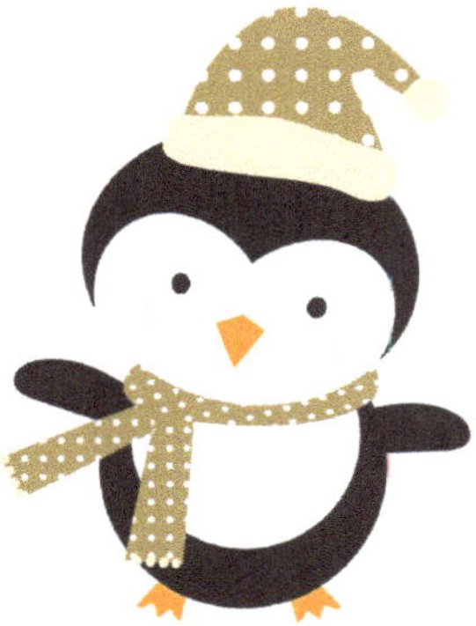

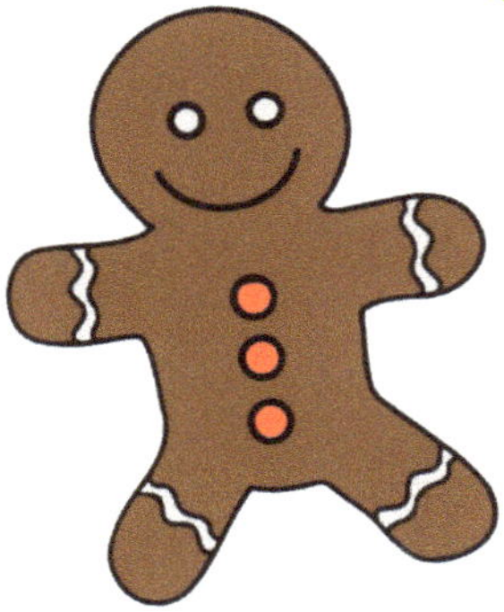

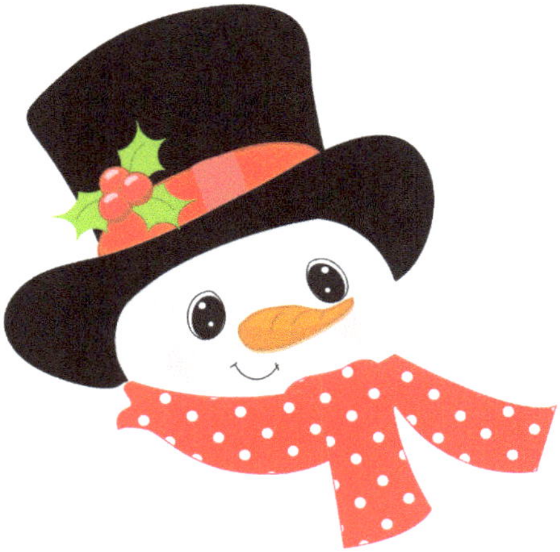

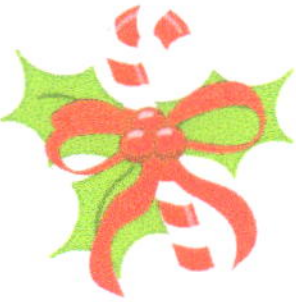

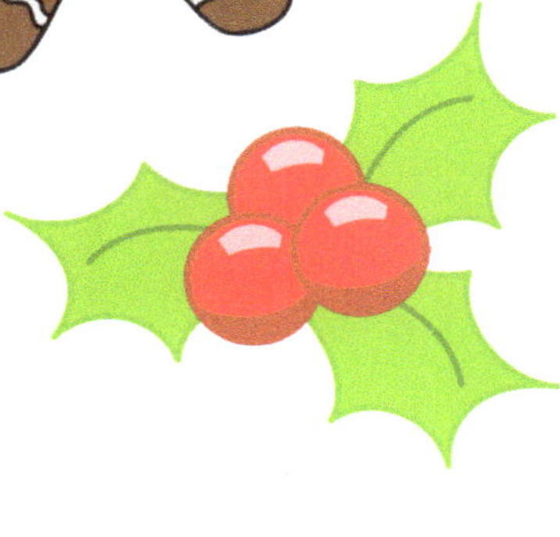

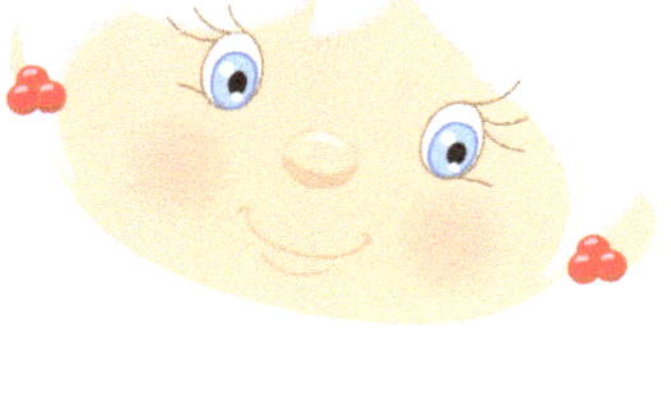

VEO VEO

ALGO QUE COMIENZA CON...

VEO VEO

ALGO QUE COMIENZA CON...

H

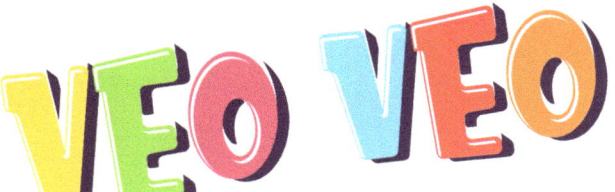

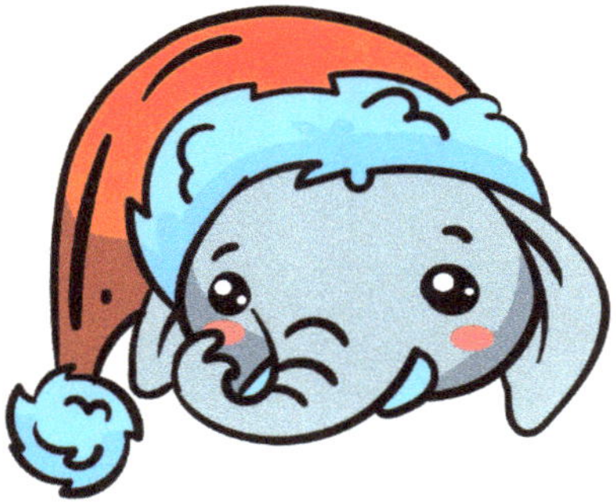

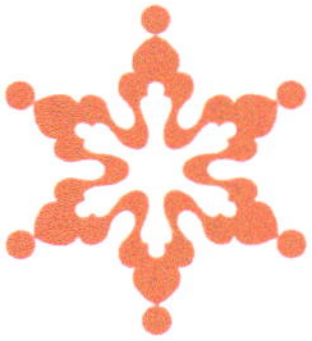

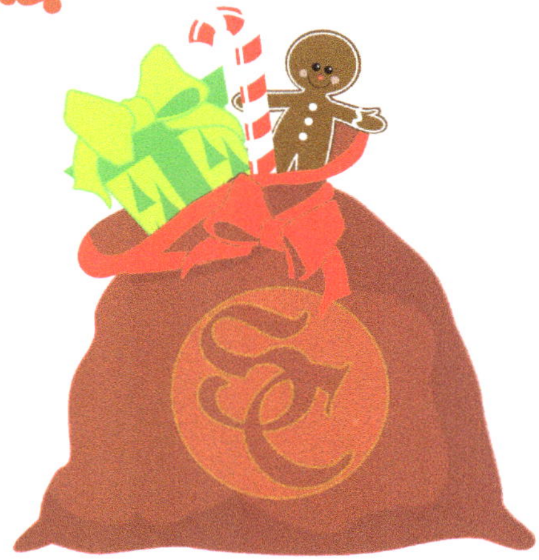

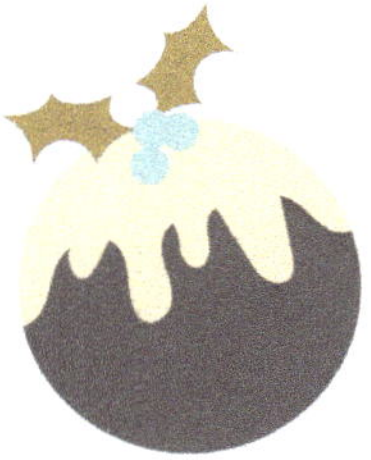

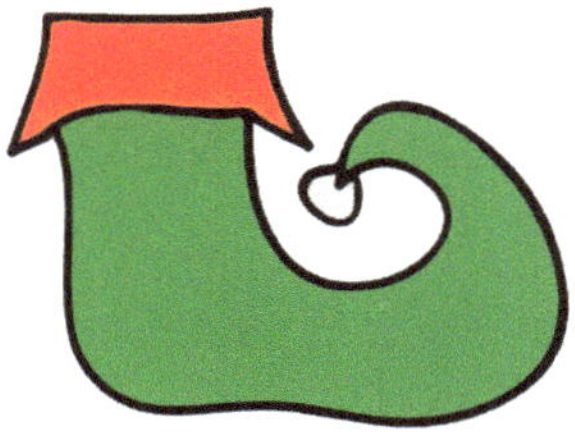

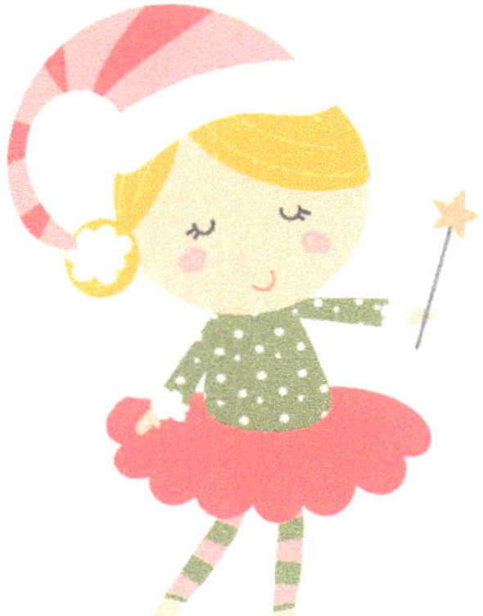

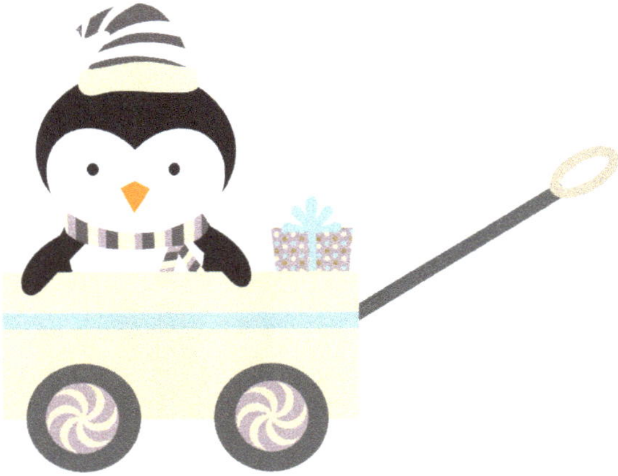

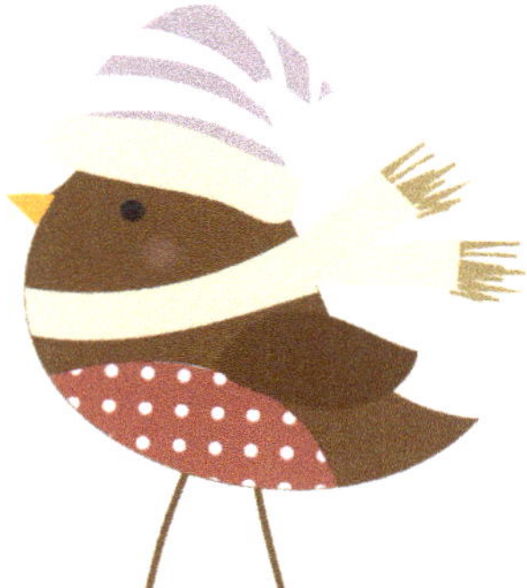

VEO VEO ALGO QUE COMIENZA CON...

VEO VEO

ALGO QUE COMIENZA CON...

VEO VEO
ALGO QUE COMIENZA CON...

VEO VEO

ALGO QUE COMIENZA CON...

M

VEO VEO

ALGO QUE COMIENZA CON...

P

VEO VEO

ALGO QUE COMIENZA CON...

R

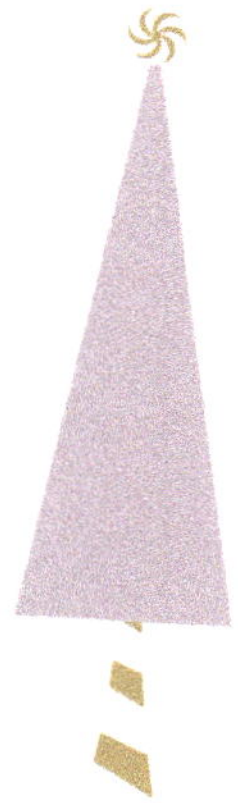

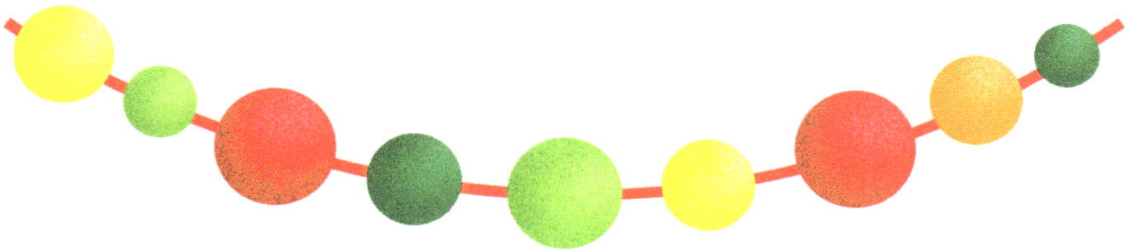

VEO VEO

ALGO QUE COMIENZA CON...

VEO VEO

ALGO QUE COMIENZA CON...

C

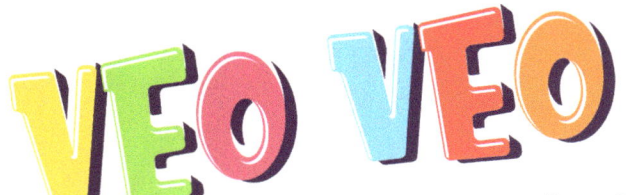

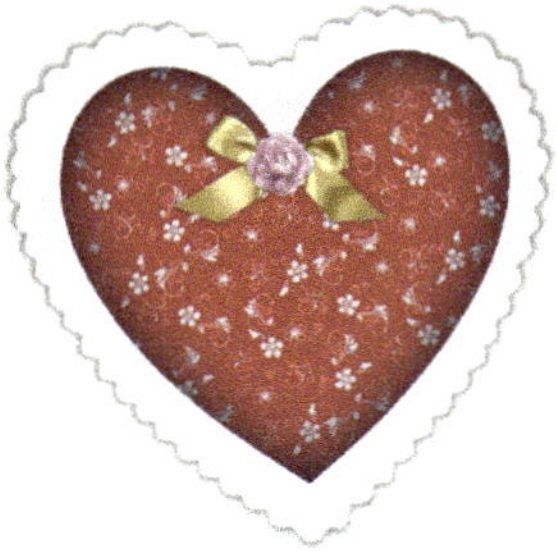

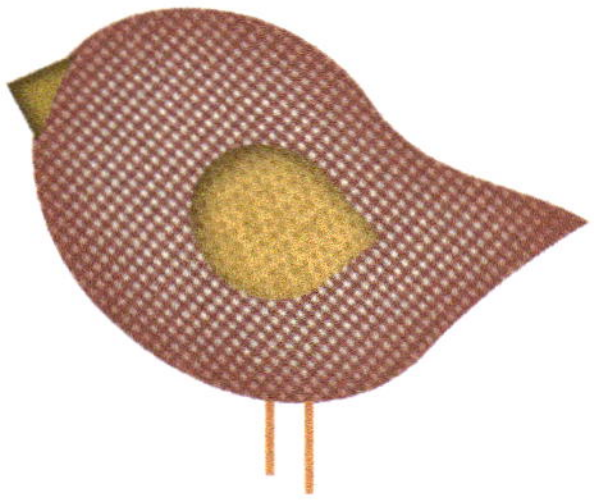

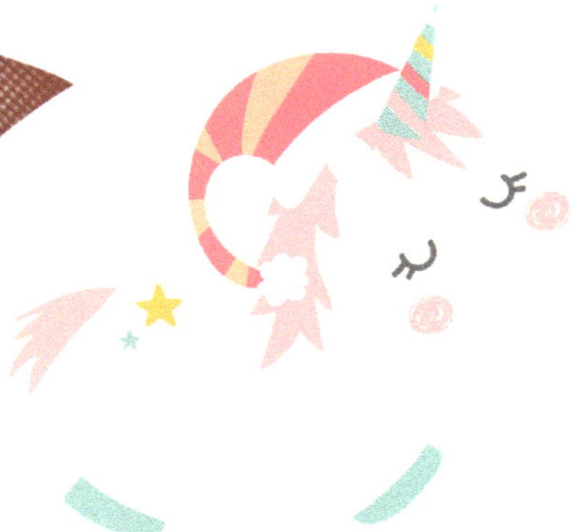

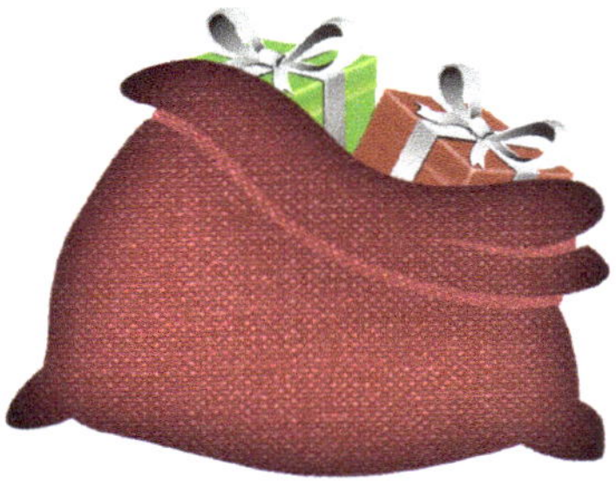

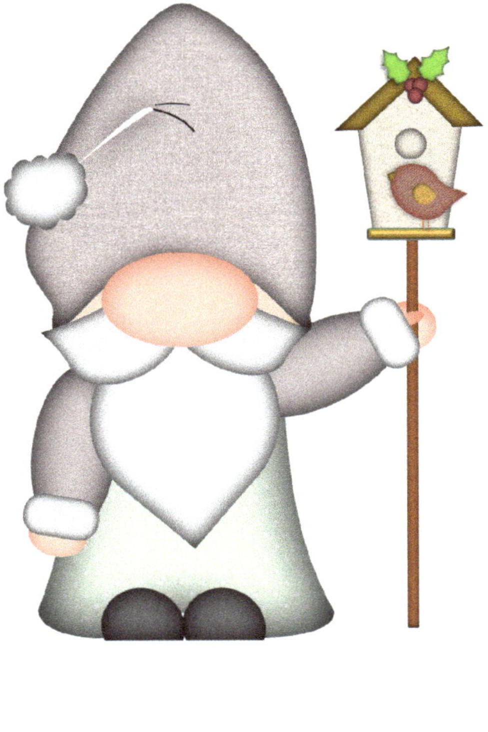

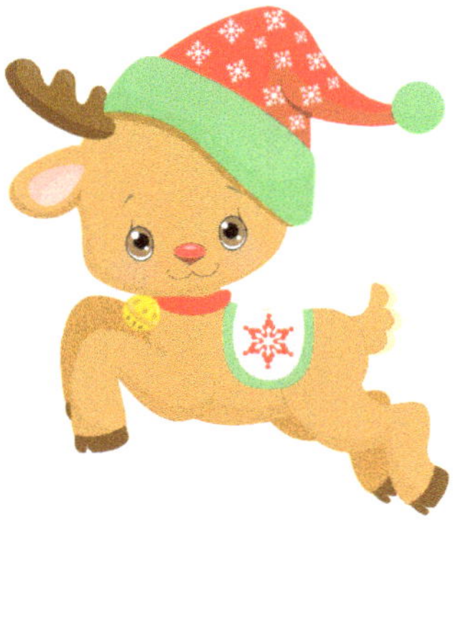

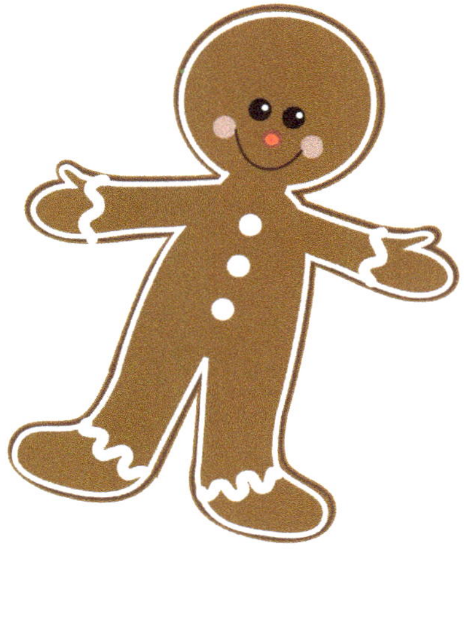

VEO VEO
ALGO QUE COMIENZA CON...
E

Elfo

ÁRBOL

www.ingramcontent.com/pod-product-compliance
Lightning Source LLC
Chambersburg PA
CBHW051401110526
44592CB00023B/2918